Globine

auf dem Bauernhof

Globine auf dem Bauernhof

Herausgeber: Globi-Verlag
Zeichnungen: Anne Christiansen
Script/Storyboard: Beat Kennel
Geschichten/Verse: Thomas Wendelin

Printed in Switzerland

•

Original-Ausgabe
1. Auflage: 1.-40.Tausend
ISBN 3-85703-121-2

Umweltfreundlich gedruckt und verpackt

1992
Druck: Meier + Cie AG, Graphisches Unternehmen
Schaffhausen

Fotolithos: Nievergelt Repro AG, Zürich

Chunsch mit uf de Buurehof?

Die Anreise

Globine fährt, um sechs exakt,
aufs Land. Sie hat schon früh gepackt.

Im Abteil, statt hinauszuschauen,
sieht einem Mann sie zu beim Kauen.

Das weckt den eig'nen Appetit.
Was gab mir meine Mutter mit?

Der Nachbar schläft auf seinem Platz.
Globine isst und trinkt - schmatz, schmatz!

Sie scheint dabei zu übertreiben.
Das liesse sie doch besser bleiben.

Denn plötzlich wird ihr furchtbar schlecht.
Der Bauch tut weh, die Not ist echt,

weshalb sie schliesslich, wie man sieht,
in Eile hin zum «Örtchen» flieht.

Die Ankunft

Nun kommt Globine mit der Bahn
beim hübschen Landbahnhöfchen an.

Da sieht sie etwas, noch ganz klein:
Das wird des Bauers Auto sein.

Oh nein, es ist wohl ein Traktor.
Der Lärm kommt ihr zwar nicht so vor.

Ein Pferdewagen ist's, der hält,
was ihr natürlich sehr gefällt.

Der Bauer schüttelt ihr die Hand,
heisst sie willkommen auf dem Land.

Nun könn' er gleich die Gegend zeigen.
Er bittet sie, doch aufzusteigen.

Sie darf sogar den Wagen führen,
und scheint dabei viel Lust zu spüren.

Der Empfang

Den Bauernhof man bald erreicht.
Tauwetter ist's, der Winter weicht.

Globine grüsst des Bauern Frau.
Sie grüsst das Mädchen freundlich: «Tschau!»

Der Knecht sagt ihr mit froher Miene:
«Ich heisse Franz, salü, Globine!»

Nun gehen alle rein ins Haus.
Wie sieht es wohl von innen aus?

Globine plötzlich sehr erschrickt,
was in der Stube sie erblickt!

Da steht ein Essen, üppig-reich,
der Bauer strahlt: «Wir essen gleich!»

Der Schreck durchschüttelt ihre Glieder.
Globine stöhnt: «Nein, nicht schon wieder!»

Der Volltreffer

Auf einem Hof, wie überall,
spielt gerne man mit einem Ball.

Globine und des Nachbars Sohn
bekommen nie genug davon.

Kurts Super-Schuss aus vollem Lauf
steigt in die Lüfte hoch hinauf.

Wo fliegt der Fussball schliesslich hin?
Er landet mitten im Kamin

und steckt im Rohr, gleich einem Pfropfen,
beginnt den Abzug zu verstopfen.

Kurt flieht, denn aus dem Haus kommt
Rauch. Globine denkt: Was hat er auch?

Der Bauer, zornig im Gesicht,
schimpft heftig, dabei war sie's nicht.

Baumfällen

Der Bauer spricht: «Den muss man fällen!
Der Baum ist krank an vielen Stellen.»

Globine zweifelt, ob das stimmt.
Behende sie den Baum erklimmt.

Was schaut da raus aus einem Loch?
Eichhörnchen, kleine, sind es doch!

Auch junge Vögelchen sie sieht.
Die haben Angst, was wohl geschieht.

Globine fragt: «Darf es passieren,
dass Tiere nun ihr Heim verlieren?»

Das ist dem Bauer und dem Knecht
ganz offensichtlich auch nicht recht.

Beschlossen wird, dass man nichts tue.
Sie lassen Baum und Tier in Ruhe.

Holztransport

Der Bauer zieht mit dem Traktor
den Baumstamm über Schnee und Moor.

Globine, tatenfreudig-munter,
steigt plötzlich vom Traktor herunter,

um auf dem Stamm zu balancieren.
Wie schnell kann da etwas passieren!

Nun nähert sich der lange Stamm
dem höchsten Punkt des Bergs, dem Kamm,

wo er sich wie die Schaukel senkt,
Globine an nichts Böses denkt.

Der Bauer jedoch, eingeengt,
mit dem Traktor am Stamme hängt.

Globine macht einen Zaun

Globine schlägt heut ganz allein
für eine Weide Pflöcke ein.

Der Hammer allerdings ist schwer,
Globine kann schon bald nicht mehr.

Sie sammelt wieder alle Kraft,
auf dass sie es noch einmal schafft.

Hoch hält sie nun das schwere Ding.
Doch nein, da sitzt ein Schmetterling!

Der Hammer saust, in ihrem Schock
lenkt sie ihn hauchdünn weg vom Pflock.

Der Hammer hat in weitem Bogen
sie wirbelnd hierauf hochgezogen,

bis er sich dann im Baum verfängt,
und auch Globine daran hängt.

Globine begrüsst die Tiere

Begrüsst wird Klein Globine hier.
Die Tiere stehen stramm Spalier.

Die Katzen sie sogleich umschmeicheln.
Sie lassen gerne sich auch streicheln.

Die Muttersau mit ihren Jungen
kommt kreuzfidel herbeigesprungen.

Die Kühe scheint es auch zu freuen.
Sie schütteln keck die Hand der Neuen,

worauf Globine ganz am Schluss
das Kälbchen noch begrüssen muss.

Doch, Vorsicht würde oft nicht schaden.
Der Draht ist nämlich meist geladen.

Das Kalb berührt ihn mit dem Schwanz.
Das führt zu einem «Zittertanz».

Traumnacht

Hat Mühe nachts sie mit dem Schlafe,
dann zählt Globine einfach Schafe.

Schläft sie dabei nicht bald mal ein,
dann zählt sie eben Schwein um Schwein.

Und will's auch nachher nicht gelingen,
zählt Esel sie, die fröhlich springen.

Als nächstes zählt sie alle Kühe,
dies allerdings bereits mit Mühe.

Muss sie dann auch noch Pferde zählen,
beginnt sie dies schon sehr zu quälen.

Zieht dann der ganze Hof vorbei,
folgt bald einmal ihr Hilfeschrei.

Globine muss Eier holen

Gar schrecklich fällt der stolze Hahn
im Hühnerstall Globine an.

Sie rettet sich vor ihm, doch nun
braucht sie ein Ei von jedem Huhn.

Doch bitterböse blicken die.
Weich werden gleich Globines Knie.

Und plötzlich folgt die Gross-Attacke
auf Arme, Beine, Hals und Backe.

Globine findet das gemein.
Sie deckt sich in der Küche ein.

Und so gerüstet tritt sie kühner
zum Eierholen vor die Hühner.

Aller Anfang ist schwer

Franz striegelt eifrig eine Kuh.
Neugierig schaut Globine zu.

Doch unversehens klatscht der Schwanz
der Kuh aufs Ohr des guten Franz.

Schon schlägt der wieder ins Gesicht.
Natürlich schätzt der Franz das nicht.

Was sich dagegen machen lässt?
«Globine, halt den Schwanz doch fest!»

Globine hat das gleich kapiert.
Nun läuft die Arbeit wie geschmiert.

Wie fest Globine jetzt auch zieht,
der Schwanz hebt sich – und was geschieht?

Sie wird bespritzt und kann nichts machen.
Franz kugelt sich deshalb vor Lachen.

Viehprämierung

Am Viehschau-Tag ruft alles: «Grässlich,
Globines Kuh, seht, ist die hässlich!»

Globine flüstert ihr ins Ohr:
«Wir machen denen etwas vor!»

Was Turner können und nicht Kühe,
schafft diese aber ohne Mühe.

Den Salto springt sie aus dem Stand,
das ist ja wirklich allerhand.

Und mit Globine singt sie nett
ein kleines Volkslied im Duett.

Man hört ein Muhen und ein Raunen.
Die Kühe und die Bauern staunen.

Die Jury spricht spontan der Kuh
einstimmig den Spezialpreis zu.

Markttag

Holt Brot man aus dem Ofen raus,
durchströmt ein feiner Duft das Haus.

Globine hat gut aufgepasst,
und sie beginnt nun ohne Hast,

weil man sie darum hat gebeten,
Teig herzustellen und zu kneten.

Schwupps, in den Ofen kommt's sodann.
Sie freut sich, wie sie helfen kann.

Mit dem, was sie gebacken hat,
fährt sie anschliessend in die Stadt.

Sie präsentiert manch neue Form.
Der Andrang ist deshalb enorm.

Wenn Frösche reisen…

Im Frühling viele Autos töten
des Nachts oft Frösche oder Kröten.

Globine sieht's und eilt zum Teich.
Sie sagt: «Ich helfe, und zwar gleich.»

Was sie verspricht, sie dann auch hält,
ein Sprungbrett sie geschickt erstellt.

Dann endlich ist's bereit zum Starten.
Die Frösche können's kaum erwarten.

Sie werden in die Luft gejagt,
was ihnen nicht so recht behagt.

Dann auf den andern Strassenseiten
sie mit den Schirmchen abwärts gleiten.

Wer so die Strasse überwindet,
sich nicht mehr in Gefahr befindet.

Die lieben Kaninchen

Kaninchen liebt wohl jedes Kind,
weil sie so lieb und herzig sind.

Globine fragt sich, ob die vielen
wohl gerne miteinander spielen.

Zu solchem Zweck erstellt sie diese
umzäunte kleine Tummelwiese.

Die Türchen öffnet sie nun allen.
Das scheint den Tieren zu gefallen.

Globine geht dann weg und lacht:
Das hab' ich wirklich gut gemacht!

Nach ein paar Wochen staunt sie sehr:
Welch ein Gemisch, und wieviel mehr!

Die Katzenmutter

Beim Essen froh Globine plaudert.
Die Katze deshalb nicht lang zaudert.

Sie packt die Wurst blitzschnell und flieht.
Globine dies mit Schrecken sieht.

«He Büsi, hier wird nicht gestohlen!»
Globine will sie wieder holen.

Sie rennt der Katze hinterher,
doch die ist flink, es ist sehr schwer.

Globine, schau, das wird ein Flop!
Da – plötzlich reisst sie einen Stopp,

kehrt um und holt im Kühlschrank Sachen.
Sie will halt lieber Freude machen.

Die bringt sie nun den Katzenjungen.
Die lecken freudig mit den Zungen.

Die Geburt

Der Lärm beim Bauernhaus ist gross.
Globine denkt: Was ist hier los?

Neugierig eilt sie in das Haus.
Doch Franz und sie schickt man hinaus,

und niemand sagt auch jetzt dabei,
wozu die ganze Warterei.

Das hat doch sicher einen Grund.
Bald schlafen Opa, Knecht und Hund.

Dann endlich heisst's nach langer Zeit:
«Kommt doch herein, es ist so weit!»

Globine rennt und sieht: «Aha,
ein kleines Baby ist nun da!»

Allerlei Saatgut

«Globine, Säcke für die Saat,
stehn alle schon im Tenn parat!»

Der Bauer sagt's. Globine geht.
Doch wie sie vor den Säcken steht,

ist, was man braucht, ihr jäh entfallen.
Sie denkt: Dann nehme ich von allen,

das wird ja nicht so wichtig sein. –
Hier säen sie bei Sonnenschein.

Dank Wärme, und weil es so giesst,
das, was hier wächst, nach oben schiesst.

Globine freut die Mischkultur.
Der Bauer denkt: Wie kommt das nur?

Das Silo

Globine denkt vorm Bauernhaus:
Wie trist sieht dieses Silo aus!

Gleich weiss sie, was man machen müsst',
und sie erstellt ein Holzgerüst,

und malt aufs Silo völlig frei
ganz gross ihr eig'nes Konterfei.

Wie's darauf wie aus Kübeln giesst,
die Wasserfarbe bald zerfliesst.

Was schliesslich bleibt, nach vielen Schauern,
gefällt dem Knecht nicht und dem Bauern.

Die Küchenmaschine

Die Bäuerin, ganz schön im Trabe,
erklärt, was zu geschehen habe.

Globine sieht sich um im Raum
und denkt: Mein Gott, das schaff' ich kaum!

Anstatt die Arbeit anzupacken,
eilt sie in Altmetall-Baracken,

und findet hier noch allerbeste
Maschinen- und Motorenreste.

Und schneller, als man denkt und glaubt,
setzt sie zusammen, feilt und schraubt.

Das Monstrum funktioniert und kracht.
Die Arbeit läuft, das Baby lacht.

Die Melkmaschine

Der Bauer zeigt hier Klein Globine:
So funktioniert die Melkmaschine.

Das Mädchen hängt darauf im Nu
sie an das Euter einer Kuh.

Beim Anschluss an die Leitung ist
sie nicht mehr sicher. Welch ein Mist!

Doch dann ist alles angeschlossen.
Sie startet darum unverdrossen.

Die Frage steht ihr im Gesicht:
Warum füllt sich die Flasche nicht?

Globine rennt hierauf zur Kuh.
Hier kommt die Milch doch immerzu!

Dann endlich sie den Fehler findet:
Die Milch im Gartenbeet verschwindet!

Der Fuchs im Hühnerstall

Globine denkt: Was kann ich tun?
Schon wieder stahl der Fuchs ein Huhn.

Jetzt geht's ihm schlecht, dem Hundsgemeinen.
Sie bringt die Hühner zu den Schweinen

und holt dafür die Muttersau.
Den Plan hat sie im Kopf genau.

Mit Leim und Farbe, noch ganz neuer,
macht sie das Schwein zum Ungeheuer.

Und wieder kommt des Nachts durchs Loch
der Fuchs, hier freut er sich ja noch.

Doch was ihn diese Nacht erwartet,
ist anders allerdings geartet.

Er flieht gleich ohne Gegenwehr.
Der kommt so bald nicht mehr hierher.

Der Spiegel

Globine hütet heut das Kind.
Kartoffeln schält sie auch, geschwind.

Das Baby sieht vor sich die Kuh
und lacht deswegen immerzu.

Nun nähert sich auch eine Ziege
und blickt neugierig in die Wiege.

Und wieder muss das Baby lachen.
Es scheint ihm wirklich Spass zu machen.

Globine eilt jetzt auch herbei,
denn aller guten Ding' sind drei.

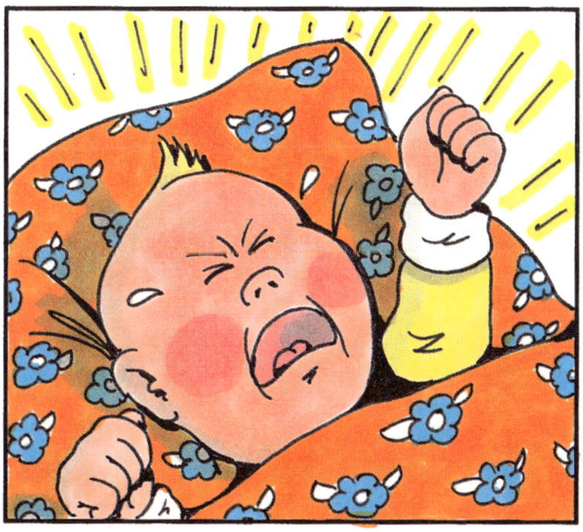

Das war ja sicher gut gemeint;
jedoch, das Baby plötzlich weint.

Globine fragt sich, zornig schier:
Was ist denn da so falsch an mir?

Die lieben Schweine

Für Schweine ist bei schönem Wetter
der Aufenthalt im Freien netter.

Doch Nachbars Kurt, der hundsgemeine,
quält mit Genuss die armen Schweine.

Globines Streben drum und Denken
zielt darauf ab, ihn abzulenken,

weshalb sie mutig balanciert.
«Das kann ich auch!» der Kurt plagiert.

O je, er fällt schon bald vom Zaun
in Mist und Dreck und wird ganz braun.

Globine geht's hierauf ganz gleich,
doch landet sie sehr sanft und weich

auf ihrem Freund, dem Mutterschwein.
Es lohnt sich eben, gut zu sein.

Der Bienenschwarm

Globine sieht, beim Bienenhaus
kommt gleich ein ganzer Schwarm heraus.

Mit Netz, in einem Schutzanzug,
verfolgt Globine seinen Flug.

Sie schwingt das Netz mit starkem Arm,
gefangen ist bereits der Schwarm.

Sie bringt die Bienen ohne Hatz
zurück an ihren alten Platz.

Die Bauersleute sind begeistert.
«Das hast du wirklich toll gemeistert!»

Globine setzt sich. Ziemlich sauer
liegt eine Biene auf der Lauer,

die sie mit voller Absicht sticht,
Das schätzt Globine wahrlich nicht.

Gefahr im Kornfeld

Vor Wochen hat man noch gesät.
Jetzt ist's soweit: Der Bauer mäht.

Globine ruft lauthals: «O je,
da liegt im Korn ein junges Reh!»

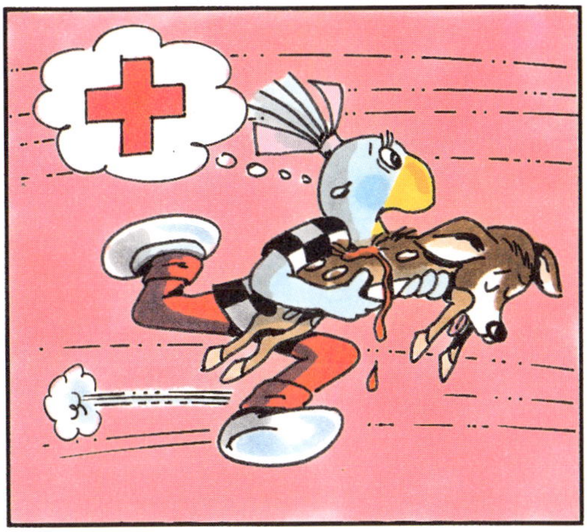

Zu spät! Das Reh ist leicht verletzt.
Sie schnell mit ihm nach Hause hetzt.

Die Bäuerin pflegt gleich die Wunden.
Das Reh erholt sich schon nach Stunden.

Globine holt ein Megaphon,
versucht fortan, mit lautem Ton

auf Stelzen weit vorauszuziehen.
So haben Tiere Zeit, zu fliehen.

Das Heugebläse

Schon füllt Globine ganz allein
das Heu ins Heugebläse ein.

Sie lässt dabei die Gabel fallen.
Man hört es knirschen und laut knallen.

Doch dann verstummt die Heu-Maschine.
Sogleich bemüht sich die Globine,

Motor samt Rohr mit tausend Tricken,
so, dass er wieder läuft, zu flicken.

Ei schau, jetzt geht er, der Motor!
Globine kommt sich tüchtig vor.

Doch etwas scheint verkehrt zu sein:
Das Heu bläst's raus anstatt hinein.

Nun merkt sie es: Globine, gelt,
du hast den Hebel falsch gestellt!

Ein neuer Stall

Wenn's blitzt und donnert, klarer Fall,
dann sucht man Schutz im nahen Stall.

Doch siehe da, das ist gemein,
der Blitz schlägt in den Stall just ein.

Gleich brennt's! Die Kühe und Globine
stehn bald vor einer Brandruine.

«Der Stall wird wieder aufgebaut!»
verkündet dann Globine laut.

Sie misst und sägt und schraubt und hämmert.
Die Kühe schauen leicht belämmert.

Doch können sie sich bald am neuen
Kuhstall von ganzem Herzen freuen.

Die Gülle

«Globine, du musst Gülle spritzen,
anstatt im Weiher drinzusitzen!»

So tadelt sie mit Recht der Bauer.
Globine ist deswegen sauer.

Heiss scheint hernieder heut' die Sonne.
Globine legt sich auf die Tonne.

Gleich nickt sie ein und träumt wohl heiter.
Die Gülle aber, die läuft weiter,

fliesst abwärts über Stock und Stein
gleich in den schönen Teich hinein,

Die Umwelt sowas gar nicht schätzt.
Die Tiere sind mit Recht entsetzt.

Ein Regensonntag

Ach, draussen ist es kühl und nass,
so macht der Sonntag keinen Spass.

Globine denkt: Es schlafen alle.
Was mache ich in diesem Falle?

Im Estrich gibt's doch eine Truhe,
die lässt Globine keine Ruhe.

Hier findet sie manch Instrument,
mit welchen sie nach unten rennt.

Sie lädt hierauf in frohem Ton
die Nachbarn ein per Telefon.

Und bald schon trifft man sich zum Feste.
Die Stimmung ist die allerbeste.

Die Kirschenernte

Kaum sind die ersten Kirschen da,
sind sofort auch die Vögel nah.

Globine, sogleich aufgeschreckt,
den Baum mit einem Netze deckt.

Die Vögel schauen ganz frustriert:
Was ist denn plötzlich hier passiert?

Ab sofort kann für sich allein
Globine nun beim Pflücken sein.

Die Körbe voll, behängt schon schwer,
kommt wie ein Kirschbaum sie daher.

Weshalb die Vögel, diese frechen,
voll Zorn auf sie herunterstechen.

Die Kirschen sind all weggefressen.
Schlapp sitzt sie da infolgedessen.

Wer zuletzt lacht …

Wenn man Motoren repariert,
ist man am Ende meist verschmiert.

Globine ist voll Öl und Russ,
worüber Franz sehr lachen muss.

Sie sieht ja wirklich komisch aus!
Da lacht sogar die kleine Maus.

Globine einen Einfall hat:
Sie ruft um Hilfe, angstvoll-matt.

Sogleich hat Franz mit ihr Erbarmen,
er hebt sie hoch mit seinen Armen,

damit die Angst gleich von ihr weicht.
Was hat sie wohl damit erreicht?

Sie hat Knecht Franz ganz schwarz gemacht.
Jetzt ist es sie, die herzhaft lacht!

Das Wagenrennen

Globine denkt: Wie geht das nur,
das Wagenrennen von Ben Hur?

Gern sauste sie auch mal als Held
mit wilden Pferden übers Feld.

Und wie Ben Hur auf seinem Wagen
beginnt sie plötzlich loszuschlagen.

Sonst läuft das Pferd in sanftem Trab,
jetzt rennt es im Galopp bergab.

Beim nächsten Rank wird dann der Wagen
fast von der Strasse weggetragen.

Dann kippt er bei der Käserei,
als Schlusseffekt der Raserei.

Das Labyrinth

Globine, frisch und froh gestimmt,
das Rapsfeld heut' in Angriff nimmt.

Sie mäht sich durch die gelbe Masse
zuerst mal eine lange Gasse.

Dann fährt sie lieber kreuz und quer.
Das Mähen fällt ihr gar nicht schwer.

Im Gegenteil, sie hat den Plausch,
bekommt fast einen Temporausch.

Doch plötzlich ist sie nicht mehr heiter.
Sie fragt sich jetzt: Wie geht es weiter?

Da sieht sie, wie sie um sich schaut:
Sie hat ein Labyrinth gebaut.

Globine als Lebensretterin

Knecht Franz hat just ein Huhn gepackt.
Gleich wird der Kopf ihm abgezwackt.

Globine rennt mit viel Geschrei
als Retterin des Huhns herbei.

Sie reisst das Beil Franz aus den Händen.
So muss das Huhn nun doch nicht enden.

Doch nicht genug, im Gegenteil:
Globine schwingt das schwere Beil

mit grossem Schwunge alsogleich
hinüber in den nahen Teich.

Die Hühner danken ihr gar sehr.
Nur, schlafen kann sie jetzt nicht mehr.

Die Obsternte

Mit Eifer, Freude und Entzücken
die Kinder heute Äpfel pflücken.

Doch sämtliche erreicht man nicht;
statt dessen oft ein Ästlein bricht.

Hier ist es nochmals gut gegangen.
Kurt wurde gleich noch aufgefangen.

Vor weiteren riskanten Taten
die Kinder hin und her beraten.

Dann holen sie in aller Eile
beim Bauern Latten, Stangen, Seile.

Das Pflückgerüst vollauf genügt.
So pflückt man sicher und vergnügt.

Jetzt pflücken sie mit froher Miene,
dank dem Gerüst, Patent Globine.

Wenn der Most gärt

Mit Freude und mit Interesse
werkt hier Globine an der Presse.

Sie füllt den frischen Most in Flaschen,
hat diese vorher gut gewaschen,

worauf sie die ins Freie stellt,
was sie wohl für vernünftig hält.

Allein, der Most beginnt zu gären,
und fast, wie wenn's Raketen wären,

jagt es die Zapfen in die Luft.
Der Most verspritzt, der süsse Duft

lockt Tiere an, die finden's toll.
Sie schlecken's auf und sind bald voll.

Der wütende Stier

Ja, necken können Kinder gut.
Das hasst der Stier und schnaubt vor Wut.

Er drückt am Baume stark und fest,
und der erzittert im Geäst,

und bis hinunter zu den Wurzeln,
die Kinder drum herunterpurzeln.

Sie kommen auf den Stier zu sitzen,
Globine zwischen Hörnerspitzen.

Das Tier springt wild, und klar wird ihr:
Die rote Farbe reizt den Stier.

Der Bauer sieht es jedenfalls
und öffnet gleich die Tür des Stalls.

Den Kindern schmerzen jetzt die Köpfe.
Der Bauer meint: «Ihr armen Tröpfe!»

Schafe scheren

Die Schafe schert man wieder mal.
Globine findet das brutal.

Wie seh'n die dünn aus und so nackt!
Bis es Globine selber packt.

Sie schert die Schafe ebenfalls,
da mehr am Bauch, und dort am Hals.

Und tatendurstig, froh und heiter,
fährt sie bei andern Schafen weiter.

Anstatt sich mühsam da zu bücken,
legt sie sich selber auf den Rücken.

Am Schluss staunt Mensch und Tier, und wie!
Denn solche Schafe gab's noch nie!

Die Zuckerrübenernte

Globine erntet Zuckerrüben.
Knecht Franz steht faul beim Wagen drüben.

Wie sie hierauf ihr Zvieri isst,
ersinnt sie plötzlich eine List.

Man sieht sie Schoggisilberhüllen
zu kleinen Klümpchen nun zerknüllen.

Sie ruft: «Schau, was ich fand beim Graben.
Es scheint viel Silber hier zu haben!»

Sogleich gräbt Franz tief in die Erde,
und hofft, dass reich er dabei werde.

Er gräbt wie wild, Globine lacht,
weil er nun ihre Arbeit macht.

Pflügen im Nebel

Herbst ist's, die ersten Nebel liegen.
Globine darf alleine pflügen.

Doch wird der Nebel leider dichter.
Globine schaltet ein die Lichter.

Der Nebel hüllt sie weiter ein.
Globine denkt: Muss das jetzt sein?

Globine schliesslich fast verschwindet.
Den Weg sie praktisch nicht mehr findet.

Doch plötzlich wird es hell und heiter.
Jetzt sieht Globine wieder weiter.

Erschrocken stellt sie fest: Ich bin
im Garten meiner Bäuerin!

Die Vogelscheuche

Stets wenn der Acker wird bestellt,
sind viele Vögel auf dem Feld.

Globine hat dies gar nicht gern.
Sie glaubt, sie halte Vögel fern

mit dieser Vogelscheuche da.
Die Vögel grinsen nur: «Krah-krah!»

Globine denkt: Na wartet nur,
ich baue eine Drahtfigur.

Gleicht setzt sie um dies in die Tat
und legt dann einen langen Draht

weit übers Feld, um sieben Ecken,
und kann sich dann im Busch verstecken.

Hier kann den Draht sie kräftig ziehen.
Das wirkt. Die Vögel angstvoll fliehen.

Holzhacken

Globine sieht man hier beim Spalten.
Ein Scheit fliegt weg, sie kann's nicht halten.

Es trifft die Gans, die krächzt und schreit.
Sie flüchtet schnell, doch nicht sehr weit.

Sie fällt direkt aufs dicke Schwein,
und das erschrickt ganz ungemein.

Es nimmt Reissaus in seinem Schock
und rennt dabei in einen Bock.

Der, eben friedlich noch beim Grasen,
beginnt erschreckt davonzurasen.

Zum Fischen sitzt der Knecht am Teich.
Da kommt der Bock, und alsogleich

taucht unter Franz in Schilf und Rosen,
und triefend nass sind Hemd und Hosen.

Herbststurm

Ein Herbststurm fegt wild übers Land,
und der verursacht allerhand.

Hier geh'n im ganzen Bauernhaus
mit einem Schlag die Lichter aus.

Globine bastelt einmal mehr
und stellt was ganz Verrücktes her,

erstaunlich wirklich für ihr Alter.
Nach langem dann ihr Griff zum Schalter

und allen, kaum ist wieder Licht,
steht grosse Freude im Gesicht.

Da seht, mit welcher Phantasie
bezieht vom Wind sie Energie!

Das Lieblingskaninchen

Globines Liebling ist Katrinchen,
ein junges, herziges Kaninchen.

Globine häufig bei ihm ist
und gibt ihm, was es gerne frisst.

Dazu hat Spiele sie erfunden,
die spielt sie mit ihm während Stunden.

Kaninchenbraten wird geschätzt.
Globine aber ist entsetzt.

Und ahnungsvoll auf jeden Fall
rennt gleich sie zum Kaninchenstall.

Und siehe da, der Stall ist leer.
Globines Herz wird furchtbar schwer.

Sie stürzt sich auf die Bauerleut':
Dass die ein solches Essen freut!

Das Erntedankfest

Das Tenn ist bis zum Dach hin voll,
so, wie es ja im Herbst sein soll.

Und auch im Keller sieht man gleich:
Man hat geerntet überreich.

Wer trägt Gemüse, Frucht und Stroh
ins Freie hier erwartungsfroh

und bastelt mit der Nähmaschine
sich einen Rock? - Ganz klar, Globine!

In schönen Kleidern, in den besten,
zieh'n alle in das Dorf zum Festen.

Mit Freude und mit Dankgefühl
stürzt man sich in das Festgewühl.

Hier zeigt, mehrmals an diesem Tage,
Globine ihre Tanzeinlage!

Der letzte Weidetag

Auch heute weiden alle Kühe
im Freien seit der Morgenfrühe.

Doch plötzlich, um die Mittagszeit,
bemerkt Globine: Nein, es schneit!

Der Schnee fällt dicht und immer dichter,
und länger werden die Gesichter,

so dass man schliesslich mit Verdruss
den Heimweg doch antreten muss.

Die Kühe blicken nachher alle
enttäuscht und traurig aus dem Stalle.

Dann aber kommt die frohe Kunde:
Globine hält Geschichten-Stunde!

Der Abschied

Die Heimfahrt naht, und es herrscht Trauer.
Die Koffer trägt der starke Bauer.

Globine denkt: Ach, muss es sein!
Bedrückt steigt sie dann schliesslich ein.

Man sieht ihr an, wie es ihr stinkt.
Der Zug fährt an, Globine winkt.

Im Abteil denkt sie, im bequemen:
Stets heisst's im Leben Abschied nehmen.

Doch plötzlich, freudig aufgeschreckt,
die Freunde sie nochmals entdeckt!

Spalier sie alle nochmals steh'n.
Globine ruft: «Auf Wiedersehn!»

Liebe Buben und Mädchen!
Kennt Ihr schon die ersten 4 Globine-Bücher?
Globine erlebt darin auch eine Menge lustiger
Abenteuer, die Euch sicher gefallen werden.
Band 1: Globine im Zoo
Band 2: Globine im Schnee
Band 3: Globine bei der Swissair
Band 4: Globine im Zirkus